ENGLISH G

access

4

VOKABELTASCHENBUCH

W0367007

Vokabel
Trainer
Cornelsen

Vokabeltrainer-App

Verfügbar für: iOS, Android und Windows Phone

Cornelsen

Hier siehst du, wie das **Vocabulary** aufgebaut ist:

Diese Zahl gibt die **Seite** an, auf der die Wörter zum ersten Mal vorkommen. p. 10 = Seite 10

Die **Lautschrift** zeigt dir, wie ein Wort ausgesprochen wird. Eine Übersicht über alle **Lautschriftzeichen** findest du auf S. 69.

p. 10	**borough** [*AE:* 'bɜːrəʊ, *BE:* 'bʌrə]	(Stadt-)Bezirk	Manhattan is one of New York City's five ~s.
	liberty ['lɪbəti]	Freiheit	(F) la liberté (L) libertas *f*
p. 14	**man-made** [ˌmæn'meɪd]	künstlich, Kunst-	This isn't a natural lake. It's ~-~. **natural; real** ◄► **man-made**
		…wo die Türme früher waren/ …tanden	

Dies ist das „Gegenteil"-Zeichen: **natural** und **real** sind Gegenteile von **man-made**.

… used to be/do …

With **used to** you can talk about something that was true in the past but is often no longer tru…

I **used to do** a lot of sport, but I don't have the time now.	Ich habe früher (imm…
There **used to be** trees in front of our house.	Früher standen Bäu…
My brother **used to cry** a lot when he was little.	Mein Bruder hat (immer) viel geweint, …

Die Tilde in den Beispielsätzen steht für das neue Wort. **borough** - Manhattan is one of New York City's five **~s**. (= … five **boroughs**.)

Eingerückte Wörter lernst du am besten zusammen mit dem vorausgehenden Wort, weil die beiden zusammengehören.

p. 15	(to) **crash** [kræʃ]	abstürzen *(Flugzeug; Computer)*	
p. 18	(to) **be keen on** sth. [kiːn]	wild auf etwas sein	**I'm** really ~ **on** sports. I go running every day.
	(to) **be keen on doing** sth.	wild darauf sein, etwas zu tun	**I'm not** very ~ **on** going to that party on Friday. Do we have to go?
p. 24	the men **whose** homes … [huːz]	die Männer, deren Wohnungen …	! **whose** = **1.** wessen – **Whose** car is this? **2.** dessen, deren – The woman **whose** car was stolen …

(to) crash

- My computer **crashed** and I lost lots of work.
- The plane **crashed into** an office block. (… stürzte/krachte in ein Bürogebäude.)
- The car went off the road and **crashed into** a tree. (… fuhr/krachte/knallte gegen …)

Diese **Kästen** solltest du dir immer besonders gut ansehen:
Hier sind Vokabeln zu einem bestimmten Thema zusammengestellt.
Oder du erfährst mehr über ein Wort und wie es verwendet wird.

Das **rote Ausrufezeichen** bedeutet:
Vorsicht, hier macht man leicht Fehler!

Im **Vocabulary** werden folgende **Abkürzungen** verwendet:

p. = page (Seite)	pp. = pages (Seiten)
sth. = something (etwas)	sb. = somebody (jemand)
jn. = jemanden	jm. = jemandem
pl = *plural* (Mehrzahl)	
infml = *informal* (umgangssprachlich)	
AE = *American English*	*BE* = *British English*
(*F*) = *verwandtes Wort im Französischen*	
(*L*) = *verwandtes Wort im Lateinischen*	

- Eine Liste der **unregelmäßigen Verben** steht auf den Seiten 62–67.
- **Hinweise zu *false friends***, bei denen man leicht Fehler macht, stehen auf S. 68.
- Eine Übersicht über die **Lautschriftzeichen** und das englische **Alphabet** findest du auf S. 69.

Unit 1 Inside New York

p. 10	**borough** [*AE:* 'bɜːrəʊ, *BE:* 'bʌrə]	(Stadt-)Bezirk	Manhattan is one of New York City's five **~s**.	
	central ['sentrəl]	zentral, Zentral-, Mittel-	! stress: **<u>cen</u>tral** ['sentrəl]	
	statue ['stætʃuː]	Statue	! pronunciation: **statue** ['stætʃuː]	(L) statua, -ae *f*
	liberty ['lɪbəti]	Freiheit		(F) la liberté (L) libertas *f*
	subway ['sʌbweɪ] *(AE)*	U-Bahn	= *BE* underground	(L) sub *(unter)*
	square [skweə]	Platz *(in der Stadt)*	Times Square and Trafalgar Square are the most famous **~s** in the USA and the UK.	
p. 12	**metal** ['metl]	Metall; Metall-	! stress: **<u>me</u>tal** ['metl]	(F) le métal
p. 13	(to) **hang out** [ˌhæŋ‿'aʊt], **hung, hung** [hʌŋ] *(infml)*	hängen, abhängen, rumhängen	What did you do last night? – Just **hung** ~ with some friends.	

Part A

p. 14	**locker** ['lɒkə]	Schließfach, Spind	
	high school ['haɪ skuːl]	*(USA) Schule für 14- bis 18-Jährige*	
	railing ['reɪlɪŋ]	Geländer	

lockers

a **railing**

shot [ʃɒt]	Aufnahme, Foto; *(Film)* Einstellung, Szene	
pressure ['preʃə]	Druck	We're always under a lot of ~ before a test. (F) la pression (L) premere *(drücken)*
newspaper ['nju:speɪpə] (*kurz auch:* **paper**)	Zeitung	(L) novus, -a, -um *(neu)*
block [blɒk]	(Häuser-, Wohn-)Block	
backpack ['bækpæk] (*BE auch:* **rucksack** ['rʌksæk])	Rucksack	 **backpacks** *(BE auch:* **rucksacks***)*
(to) **roar** [rɔ:]	tosen, dröhnen	The waves **~ed** as the hurricane got stronger.
man-made [ˌmæn'meɪd]	künstlich, Kunst-	This isn't a natural lake. It's ~-~. **natural; real ◄► man-made**
where the towers **used to be** ['ju:st tə]	wo die Türme früher waren/ standen	

… used to be/do …

With **used to** you can talk about something that was true in the past but is often no longer true today:

I **used to do** a lot of sport, but I don't have the time now.	Ich habe früher (immer) viel Sport getrieben, …
There **used to be** trees in front of our house.	Früher standen Bäume vor unserem Haus.
My brother **used to cry** a lot when he was little.	Mein Bruder hat (immer) viel geweint, …

	rose [rəʊz]	Rose	(F) la rose
	foot [fʊt], *pl* **feet** [fiːt]	Fuß *(Längenmaß; ca. 30 cm)*	! **foot** = **1.** Fuß *(Körperteil);* **2.** Fuß *(Längenmaß)* She's over six **feet** tall. (= over 1.80 metres)
p. 15	(to) **arrest** [ə'rest]	verhaften, festnehmen	After the body was found, the police quickly **~ed** a 32-year-old man. (F) arrêter qn.
	awesome ['ɔːsəm] *(bes. AE, infml)*	klasse, großartig	= *BE* great, super, fantastic, cool
	(to) **lean** [liːn]	sich lehnen; sich beugen	 He's **leaning** forward to talk to the driver.
	inch [ɪntʃ]	Zoll *(Längenmaß; 2,54 cm)*	12 **inches** = 1 foot (about 30 centimetres)
	elevator ['elɪveɪtə] *(bes. AE)* (*BE auch:* **lift**)	Fahrstuhl, Aufzug, Lift	
	cemetery [*BE:* 'semətri, *AE:* 'seməteri]	Friedhof	an area of land where people are buried (F) le cimetière
	I'd better … **(= I had better …)**	Ich sollte lieber …	It's getting late. **I'd** ~ call Mum. (= I should call …) It's cold. **You'd** ~ put on a pullover. (= You should put on …)
	I guess …	Ich nehme an, … / Ich denke, …	If he hasn't had lunch **I** ~ he'll be hungry.

storey, *pl* **storeys** *(BE)*, **story,** *pl* **stories** *(AE)* ['stɔːri]	Stock, Stockwerk, Etage	

German "Stock(werk)"

- You usually use **floor** when you want to say where somebody lives or works:
  We live on the third **floor**. / Our offices are on the sixth **floor**.
- You usually use **storey** *(BE)*/**story** *(AE)* when you want to say how high a building is:
  a six-**storey** house *(ein sechsstöckiges Haus)* / The building is 14 **storeys** high.

indoor ['ɪndɔː]	Innen-; Hallen-	an **indoor** swimming pool; an **indoor** tennis court; **indoor** games and activities **indoor** ◄► **outdoor**
observation deck [ˌɒbzəˈveɪʃn dek]	Aussichtsplattform	an **observation deck**

terrorist ['terərɪst]	terroristische(r, s); Terrorist/in	**!** stress: **terrorist** ['terərɪst] (F) le/la terroriste (L) terrere *(erschrecken)*
(to) **crash** [kræʃ]	abstürzen *(Flugzeug; Computer)*	

(to) crash

- My computer **crashed** and I lost lots of work.
- The plane **crashed into** an office block.
  (… stürzte/krachte in ein Bürogebäude.)
- The car went off the road and **crashed into** a tree. (… fuhr/krachte/knallte gegen …)

(to) **collapse** [kə'læps] einstürzen; zusammenbrechen

p. 17

American English (I)

DIFFERENT WORDS

American English	British English	American English	British English
apartment	flat	line	queue
cell phone	mobile phone	pants	trousers
cookie	biscuit	sidewalk	pavement
elevator	lift	store	shop
French fries	chips	subway	underground
garbage	rubbish	vacation	holiday

DIFFERENT SPELLING

AE: -ter	BE: -tre
center	centre
meter	metre
theater	theatre
AE: -or	**BE: -our**
color	colour
favorite	favourite
neighbor	neighbour
AE:	**BE:**
traveled,	travelled,
traveling	travelling

American English (II)

DIFFERENT PRONUNCIATION

	AE	BE
	AE: [æ]	BE: [ɑː]
ask, can't	[æsk], [kænt]	[ɑːsk], [kɑːnt]
	AE: [uː]	BE: [juː]
new, Tuesday	[nuː], ['tuːzdeɪ]	[njuː], ['tjuːzdeɪ]
	AE: [ɑː]	BE: [ɒ]
clock, hot	[klɑːk], [hɑːt]	[klɒk], [hɒt]

In American English, you can usually hear the **r** in words like **here, more, sure, shirt, farm, hard**.

In American English, the **t** between two vowels often sounds more like a **d**:
city ['sɪdi], **better** ['bedər], **writer** ['raɪdər]

difference ['dɪfrəns]	Unterschied	adjective: **different** – noun: **difference**
(to) **be afraid (of** sth./sb.**)** [ə'freɪd]	Angst haben (vor etwas/jm.)	My mother **is ~ of** snakes.

Part B

p. 18	**weirdo** ['wɪədəʊ] *(infml)*	Spinner/in	Don't walk through the park. It's full of **~s** at night.
	close (to) [kləʊs]	nah, dicht (bei, an)	Many people don't like it if you stand too ~ to them. ! pronunciation: **close** [kləʊs] nah, dicht (to) **close** [kləʊz] schließen
	(to) **be keen on** sth. [ki:n]	wild auf etwas sein	**I'm** really ~ **on** sports. I go running every day.
	(to) **be keen on doing** sth.	wild darauf sein, etwas zu tun	**I'm not** very ~ **on** going to that party on Friday. Do we have to go?
	pigeon ['pɪdʒɪn]	(Stadt-)Taube	a **pigeon** (F) le pigeon 
	insulted [ɪn'sʌltɪd]	beleidigt	When he said I was fat, I felt really ~.
p. 19	**suggestion** [sə'dʒestʃən]	Vorschlag	My ~ is that we stop work and go home. verb: (to) **suggest** – noun: **suggestion** (F) la suggestion

guy [gaɪ]	Typ, Kerl	! • **guy** steht umgangssprachlich für „Mann“ oder „Junge“: Jack is a really nice **guy**. • Der Plural **guys** („Leute“) wird auch für Frauen und Mädchen verwendet: Hey, you **guys**! Wait for me. I'll come with you.
move [muːv]	Zug *(bei Brettspielen)*	(L) movere *(bewegen, sich bewegen)*
legendary ['ledʒəndri]	legendär, berühmt	! stress: **legendary** ['ledʒəndri] (F) légendaire
Ladies and gentlemen [ˌleɪdiz‿ən 'dʒentlmən]	Meine Damen und Herren / Sehr geehrte Damen und Herren	
(to) **mind** sth. [maɪnd]	etwas dagegen haben	

(to) mind

Do you mind if I open the window?	Stört es dich, … / Macht es Ihnen etwas aus, …
I **don't mind** helping in our shop, but I hate having to get up so early.	Es macht mir nichts aus, …
I'd like to ask you a few questions, **if you don't mind**.	…. wenn Sie nichts dagegen haben.
Would you mind waiting outside, please?	Würden Sie bitte draußen warten?

timer ['taɪmə]	Zeitmesser	
(to) **click** [klɪk]	klicken	Open the page and ~ on the link.
p. 20 **I can't stand …**	Ich kann … nicht ausstehen/ ertragen.	**I can't** ~ reggae music. Could you turn it off, please? I'm a very active person. **I can't** ~ doing nothing.
(to) **bake** [beɪk]	backen	
(to) **program** ['prəʊgræm]	programmieren	(F) programmer

p. 21	**suburb** ['sʌbɜːb]	Vorort	It's so noisy in the town centre that we have decided to move to a ~. (L) sub *(unter)*, urbs *f (Stadt)*

Part C

p. 24	(to) **take a walk** *(bes. AE)*	spazieren gehen, einen Spaziergang machen	(to) go for a walk
	track [træk]	(Bahn-)Gleis	
	railroad ['reɪlrəʊd] *(AE)*, **railway** ['reɪlweɪ] *(BE)*	Eisenbahn	
	factory ['fæktri]	Fabrik	
	truck [trʌk] (*BE auch:* **lorry** ['lɒri])	Lastwagen, LKW	
	frozen ['frəʊzn]	tiefgekühlt	
	turkey ['tɜːki]	Pute, Truthahn	

railway tracks *(BE)*, **railroad tracks** *(AE)*

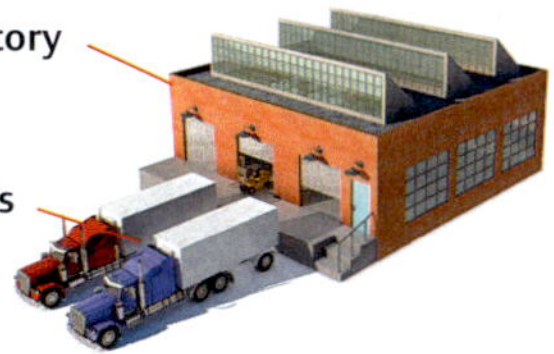

a **turkey** a **frozen turkey**

(to) **tear** sth. **down** [ˌteə ˈdaʊn], **tore** [tɔː], **torn** [tɔːn]	etwas abreißen	They started **~ing** the Berlin Wall **down** in 1989.
the men **whose** homes … [huːz]	die Männer, deren Wohnungen …	**!** **whose** = **1.** wessen – **Whose** car is this? **2.** dessen, deren – The woman **whose** car was stolen …
roller coaster [ˈrəʊlə kəʊstə]	Achterbahn	a **roller coaster** 
shrub [ʃrʌb]	Strauch, Busch	 
(to) **bloom** [bluːm]	blühen	
seed [siːd]	Samen	
lawn [lɔːn]	Rasen	
avenue [ˈævənjuː]	Allee, Boulevard	(F) l'avenue *(f)*
work of art [ˌwɜːk‿əv‿ˈɑːt]	Kunstwerk	(L) ars *f (Kunst)*
performance [pəˈfɔːməns]	Aufführung, Vorstellung, Auftritt	verb: (to) **perform** – noun: **performance**
council [ˈkaʊnsl]	Ausschuss; Rat *(Stadtrat, Gemeinderat u.Ä.)*	

p. 25 **sheet** [ʃiːt]	Blatt, Bogen *(Papier)*	
delivery [dɪˈlɪvəri]	Vortragsweise	the way you speak/act/sing a song/… in front of an audience
(to) **assess** [əˈses]	einschätzen, beurteilen	How would you ~ the situation? Is it dangerous?
(to) **divide (into)** [dɪˈvaɪd]	(sich) teilen (in), (sich) aufteilen (in)	Now ~ **into** groups and talk about the questions. We **~d** the cake **into** eight parts. (F) diviser (L) dividere
(to) **move on to** sth. [ˌmuːv‿ˈɒn]	zu etwas übergehen	After dessert, they **~d on** to coffee. (L) movere *(bewegen, sich bewegen)*
diagram [ˈdaɪəgræm]	Diagramm	! stress: **diagram** [ˈdaɪəgræm]
(to) **sum** sth. **up** [ˌsʌm‿ˈʌp]	etwas zusammenfassen	To ~ **up**, Berlin is a fantastic place for young adults. (L) sumere *(nehmen)*
(to) **refer to** sth. [rɪˈfɜː]	auf etwas verweisen, etwas erwähnen; sich auf etwas beziehen	After John left her, she never **~red to** him again. The question **~s to** the second paragraph. (L) referre *(berichten)*
(to) **make eye contact** [ˈkɒntækt]	Blickkontakt herstellen	! stress: **contact** [ˈkɒntækt]
(to) **keep to** sth.**, kept, kept**	sich an etwas halten *(Plan, Limit)*	Don't you think you should ~ **to** the speed limit?
limit [ˈlɪmɪt]	Begrenzung, Beschränkung, Limit	(F) la limite (L) limes *m (Grenze)*

Unit 2 New Orleans

p. 32	**hurricane** ['hʌrɪkən]	Hurrikan, Orkan	
	brass band [ˌbrɑːs 'bænd]	Blaskapelle	a **brass band** 
	colony ['kɒləni]	Kolonie	! stress: <u>co</u>lony ['kɒləni] (F) la colonie (L) colonia *f (Siedlung)*
	Mardi Gras [ˌmɑːdi 'grɑː]	Faschingsdienstag (*auch:* die Karnevalsfeiern in New Orleans)	
	swamp [swɒmp]	Sumpf	
	alligator ['ælɪgeɪtə]	Alligator	! stress: <u>al</u>ligator ['ælɪgeɪtə]
	palm tree ['pɑːm triː]	Palme	! silent "l": **palm tree** ['pɑːm triː]

Part A

p. 34	**degree** [dɪ'griː]	Grad	
	Celsius (C) ['selsiəs]	Celsius	
	Fahrenheit (F) ['færənhaɪt]	Fahrenheit	
	(to) **freeze** [friːz], **froze** [frəʊz], **frozen** ['frəʊzn]	(ge)frieren; zufrieren; einfrieren	Water **~s** at 0° C / 32° F. Don't throw the food away. Why don't you ~ it? ! It's **freezing** (*or:* **freezing cold**) outside. (= It's very cold outside.)

Temperatures
You say: **25 degrees Celsius / 77 degrees Fahrenheit**
You write: **25° C / 77° F**

	crazy ['kreɪzi]	verrückt	You want to go out in this weather? You must be ~.
	kinda ['kaɪndə] (= **kind of**) *(infml)*	irgendwie	This place looks **kind of** scary to me. **!** **kind of + <u>noun</u>:** What **kind of <u>music</u>** …? Welche **Art von Musik** …? **kind of + <u>adjective</u>:** He looked **kind of <u>crazy</u>**. … **irgendwie verrückt** …
	straight [streɪt]	direkt, geradewegs	They entered the restaurant and went ~ to the bar.
p. 35	**stew** [stjuː]	Eintopf	
	sausage ['sɒsɪdʒ]	Wurst, Würstchen	
	shrimp [ʃrɪmp], *pl* **shrimp** *or* **shrimps**	Garnele	

stew **sausages** **shrimps**

	disgusting [dɪs'gʌstɪŋ]	ekelhaft, widerlich	I find the way some people eat ~. It makes me feel sick.
	buck [bʌk] *(infml)* (= **dollar ($)** ['dɒlə])	Dollar	
	chicken ['tʃɪkɪn]	Huhn; (Brat-)Hähnchen	
	Thanksgiving [θæŋks'gɪvɪŋ]	Erntedankfest *(amerikanischer Feiertag am vierten Donnerstag im November)*	

	dish [dɪʃ]	Gericht *(Speise)*	What's your favourite ~? – Lasagne. ! **dish** = Gericht *(Speise)* **dishes** *(pl)* = (benutztes) Geschirr: (to) **clear/wash the dishes** das Geschirr abräumen/abwaschen
	ingredient [ɪn'griːdiənt]	Zutat	What **~s** do you need to make scones? (F) l'ingrédient *(m)*
	herb [hɜːb]	(Gewürz-)Kraut	Steak tastes better if you add **~s** to it.
	spice [spaɪs]	Gewürz	In winter, Grandma likes tea with **~s** in it.
	(to) **combine** [kəm'baɪn]	kombinieren, verbinden	First, ~ the eggs with cream and add some yoghurt. (F) combiner
	tradition [trə'dɪʃn]	Tradition	! stress: tra<u>di</u>tion [trə'dɪʃn] (L) tradere *(überliefern)*
	Native American [ˌneɪtɪv_ə'merɪkən]	amerikanischer Ureinwohner/ amerikanische Ureinwohnerin	(L) nasci *(geboren werden)*
	settler ['setlə]	Siedler/in	
	both … and … [bəʊθ]	sowohl … als auch …	English is spoken ~ in Britain **and** in the USA.
	occasion [ə'keɪʒn]	Anlass, Ereignis	Funerals are always sad **~s**. (F) l'occasion *(f)* (L) occasio *f*
p. 36	**dairy products** *(pl)* ['deəri prɒdʌkts]	Milchprodukte, Molkereiprodukte	

Food words

rice [raɪs]

beans [biːnz]
Bohnen

lentils ['lentlz]
Linsen

onions ! ['ʌnjənz]

peppers

mushrooms
['mʌʃrʊmz, 'mʌʃruːmz]

spinach (frozen)
['spɪnɪtʃ]

garlic ['gɑːlɪk]

parsley ['pɑːsli]
Petersilie

lemons
['lemənz]

nuts [nʌts]

butter ['bʌtə]

salt [sɔːlt] + **pepper**

sugar ['ʃʊgə]

flour ['flaʊə]

beef [biːf]	Rindfleisch	!
pork [pɔːk]	Schweinefleisch	see below
tinned [tɪnd]	Dosen-; in Dosen	We had ~ spaghetti for lunch today. I didn't like it.
powder ['paʊdə]	Pulver	We haven't got any fresh milk, but we've got some milk ~. (F) la poudre
(to) **boil** [bɔɪl]	kochen; zum Kochen bringen	

! (beef / pork)

	The animal	The meat	
• *English:*	**cow**	**beef**	(F) le bœuf
German:	**Kuh**	**Rindfleisch**	
• *English:*	**pig**	**pork**	(F) le porc
German:	**Schwein**	**Schweinefleisch**	

German "kochen"

- (to) **cook a meal** — (ein) Essen kochen, eine Mahlzeit zubereiten
- (to) **boil water/eggs/potatoes** — Wasser/Eier/Kartoffeln kochen
- (to) **make tea/coffee/soup** — Tee/Kaffee/Suppe kochen

! Who is going to **cook / do the cooking** this evening? — Wer kocht heute Abend?

(to) **fry** [fraɪ]	braten *(in der Pfanne)*	
(to) **roast** [rəʊst]	braten *(im Backofen)*	
frying pan ['fraɪɪŋ pæn]	Bratpfanne	
saucepan ['sɔːspən]	Kochtopf, Stieltopf	
oven ['ʌvn]	Backofen	! pronunciation: **oven** ['ʌvn]

frying pan

saucepan

oven

	sour ['saʊə]	sauer, säuerlich	
	bitter ['bɪtə]	bitter	
	hot [hɒt]	scharf (gewürzt)	
	spicy ['spaɪsi]	würzig, pikant	
	typical (of) ['tɪpɪkl]	typisch (für)	That's so ~ **of** Peter – he's always kind and helpful. What food is ~ **of** your area? (F) typique
p. 37	**synonym** ['sɪnənɪm]	Synonym *(bedeutungsgleiches Wort)*	Words or phrases that have the same (or almost the same) meaning are called "**~s**". (F) le synonyme
p. 38	**Why not** try …**?**	Warum probierst du nicht …? / Warum probieren wir nicht …?	**Making suggestions with "Why not …?"** • I don't know what to do. – **Why not talk to your teacher?** (Warum redest du nicht mit deiner Lehrerin? / Rede doch mit …) • What are we going to do this evening? – **Why not go to the cinema?** (Warum gehen wir nicht ins Kino? / Lass uns … gehen.)
	(to) **recommend** sth. **(to** sb.**)** [ˌrekə'mend]	(jm.) etwas empfehlen	I can ~ the music store on Baker Street. It's really cheap. (F) recommander
	(to) **fancy** sth. ['fænsi] *(infml)*	Lust auf etwas/zu etwas haben	I'm so hungry. I really ~ a hamburger.
p. 39	**menu** ['menjuː]	Speisekarte	! stress: <u>**me**</u>nu ['menjuː]
	allergic (to sth.**)** [ə'lɜːdʒɪk]	allergisch (gegen etwas)	I mustn't eat that cake. I'm ~ **to** nuts. (F) allergique

light green/blue/…	hellgrün/-blau/…	**light green/blue/… ◄► dark green/blue/…**

"they/them/their" nach Nomen im Singular

Die Ausdrücke **he or she, him or her** oder **his or her** sind schwer zu lesen. Um diese Ausdrücke zu vermeiden, kann man nach **person, friend, partner, student** u.Ä. **they** bzw. **them** bzw. **their** verwenden.

When your **partner** has finished, swap cards with **them** and read **their** ideas.
(Wenn dein/e Partner/in fertig ist, tausche die Karten mit ihm/ihr und lese seine/ihre Ideen.)

Think of a **person** and tell us what clothes **they** wear.

Auch nach **everybody, someone, nobody** können **they/them/their** stehen.

There's **somebody** at the door. – See what **they** want.
Nobody likes it when **they** lose a game.
Someone has left **their** bag on the bus.

waiter ['weɪtə] / **waitress** ['weɪtrəs]	Kellner/Kellnerin	
relevant (to sth.**)** ['reləvənt]	relevant, wichtig (für etwas)	! stress: <u>re</u>levant ['reləvənt]
(to) **paraphrase** ['pærəfreɪz]	umschreiben, anders ausdrücken	If you can't think of the right word, try to ~ it. (F) paraphraser

Part B

p. 40 (to) **tune** [tjuːn]	stimmen *(Instrument)*	Bass guitars are usually **~d** to E, A, D and G.
(to) **tighten** ['taɪtn]	spannen, festziehen, nachziehen	If you ~ the string, the note becomes higher.
string [strɪŋ]	Saite	**strings**

closet ['klɒzɪt] *(bes. AE)*	Wandschrank *(oft begehbar)*	 a **closet**
I **would have screamed** too.	Ich hätte auch geschrien.	I **would have been** too scared (Ich wäre zu ängstlich gewesen.) You **could have asked** me. (Du hättest mich fragen können.) They **must have been** asleep. (Sie müssen geschlafen haben.)
(to) **belong to** sb. [bɪ'lɒŋ]	jm. gehören; zu jm. gehören	I think this bag **~s to** Jill. (= I think this is Jill's bag.)
great-grandfather/ **great-grandmother**	Urgroßvater/ Urgroßmutter	
porch [pɔːtʃ]	Veranda *(AE)*; Vorbau, Vordach *(BE)*	 **porch** *(AE)*  **porch** *(BE)*
honey ['hʌni]	Honig; *(infml, als Anrede:)* Schatz, Schätzchen	

one/ones

If you don't want to repeat a noun, you use **one** (singular) or **ones** (plural):

Go upstairs and bring down my box, please. You know **which one**.	… Du weißt, welche.
The shops here are a lot cheaper than **the ones** in Bourbon Street.	… als die in Bourbon Street.
Which T-shirt would you like? – **The blue one**.	… Das blaue.

he had killed it **himself**	er hatte ihn selbst getötet

German "selbst"

Die Reflexivpronomen **myself, yourself, themselves** usw. kennst du bereits.
Diese Pronomen werden auch verwendet, um ein Nomen (oder Pronomen) hervorzuheben (Sätze 1 und 2) oder um zu betonen, dass jemand etwas allein, ohne Hilfe getan hat (Sätze 3 und 4). Im Deutschen steht meist **selbst**.

1) The <u>director</u> **himself** welcomed us.	Der Regisseur selbst hieß uns willkommen.
2) The <u>room</u> **itself** was OK, but the view was terrible.	Das Zimmer selbst war in Ordnung, …
3) This is good. Did <u>you</u> cook it **yourself**?	… Hast du es selbst gekocht?
4) It'll be cheaper if <u>we</u> paint the room **ourselves**.	…, wenn wir das Zimmer selbst streichen.

jewellery *(BE)* **/ jewelry** *(AE)* *(no pl)* ['dʒuːəlri]	Schmuck	rings, earrings, etc.
style [staɪl]	Stil	
pile [paɪl]	Stapel, Haufen	I can't come, I have a ~ of work to do.
wedding ['wedɪŋ]	Hochzeit, Trauung	They lived together for ten years before their ~.

segregation [ˌsegrɪ'geɪʃn]	Trennung *(nach Hautfarbe, Religion oder Geschlecht)*	There is ~ in some swimming pools. Men and women are not allowed to swim at the same time.
p. 41 **civil rights** *(pl)* [ˌsɪvl 'raɪts]	Bürgerrechte	(L) civis *m, f (Bürger/in)*
diner ['daɪnə] *(AE)*	*(kleines, preiswertes)* Restaurant	
in downtown New Orleans ['daʊntaʊn] *(AE)*	im Zentrum von New Orleans	= *BE* in the centre of New Orleans
counter ['kaʊntə]	Theke; Ladentisch	
in the 1960s [ˌnaɪntiːn'sɪkstiz]	in den 60er-Jahren (des 20. Jahrhunderts)	
movie theater ['muːvi θɪətə] *(AE)*	Kino	= *BE* cinema
streetcar ['striːtkɑː] *(AE)* / **tram** [træm] *(BE)*	Straßenbahn	a New Orleans **streetcar** 
public ['pʌblɪk]	öffentliche(r, s)	This is a ~ library. Everyone can read books here. (F) public, publique (L) publicus, -a, -um
restroom ['restruːm] *(AE)*	(öffentliche) Toilette, WC	= *BE* (public) toilet

	all over the city / the world	in der ganzen Stadt/ auf der ganzen Welt	The singer Adele is famous ~ ~ **the world**.
	discrimination (against) [dɪˌskrɪmɪ'neɪʃn]	Diskriminierung (von)	*English:* **discrimination against** women/blacks *German:* **Diskriminierung von** Frauen/Schwarzen (F) la discrimination
	(to) **beat** sb. **up**	jn. zusammenschlagen	
	(to) **murder** ['mɜːdə]	morden, ermorden	
	courage ['kʌrɪdʒ]	Mut, Courage	I didn't have the ~ to help them. (F) le courage (= I was too scared to help them.)
	(to) **speak out**	den Mund aufmachen; sich (kritisch) äußern	You can't change things if you don't ~ **out**.
	(to) **call** sb. **names**	jn. beschimpfen, jm. Schimpfwörter nachrufen	The kids **~ed him names** because of his big nose.
	prejudice (against) ['predʒudɪs]	Vorurteil (gegen), Voreingenommenheit (gegenüber)	Some people still have a ~ **against** girls and think that girls aren't good at maths. (F) le préjugé (L) prae *(vor)*, iudicium *n (Urteil)*
	generation [ˌdʒenə'reɪʃn]	Generation	! stress: gene**ra**tion [ˌdʒenə'reɪʃn] (F) la génération
	system ['sɪstəm]	System	! stress: **sy**stem ['sɪstəm] (F) le système
p. 42	**native speaker** [ˌneɪtɪv 'spiːkə]	Muttersprachler/in	(L) nasci *(geboren werden)*
	pattern ['pætn]	Muster	I like the ~ of your pullover, but not the colour.

Part C

p. 46 **cook** [kʊk]	Koch, Köchin	
oval ['əʊvl]	oval	! stress: oval ['əʊvl]
cranberry ['krænbəri]	Preiselbeere	
sauce [sɔːs]	Soße	
pumpkin ['pʌmpkɪn]	Kürbis	
pie ['paɪ]	Obstkuchen; Pastete	
real fast ['riːəl] *(AE, infml)*	wirklich schnell, echt schnell	= really fast
(to) **hunt** [hʌnt]	jagen	
(to) **flash through** sb.'s **mind** [flæʃ], [maɪnd]	jm. durch den Kopf schießen	I thought for a long time, then suddenly an idea **~ed through my ~**.
mind [maɪnd]	Verstand, Sinn, Geist	Grandpa is very old, but his ~ is still very active.
round [raʊnd]	rund	
line [laɪn]	Leine, (Angel-)Schnur	
hook [hʊk]	Haken	noun: **hook** – verb: (to) **hook** (an den Haken/an die Angel bekommen)
sharp [ʃɑːp]	scharf	Be careful. That knife is very ~.

impatient [ɪm'peɪʃnt]	ungeduldig	I get ~ when I have to wait for a long time. **patient** (geduldig) ◄► **impatient** (F) impatient, e
(to) **shoot** [ʃuːt], **shot, shot** [ʃɒt]	schießen; erschießen	She **shot** the thief in the leg. John Lennon was **shot** in 1980.
advice *(no pl)* [əd'vaɪs]	Rat, Ratschlag, Ratschläge	Take my ~: Go and see a doctor. (Hör auf meinen Rat: …) ! She gave me **some** / **a piece of advice**. *Never:* She gave me some ~~advices~~ / ~~an advice~~.
a little	ein bisschen, ein wenig, etwas	

a little – a few

- **a little** is used with uncountable nouns: **a little time, money, milk, music, bread, …**
  ein bisschen/ein wenig/etwas Zeit, Geld, Milch, Musik, Brot, …
- **a few** is used with the plural of countable nouns: **a few minutes, dollars, bottles, songs, sandwiches, …**
  einige/ein paar Minuten, Dollar, Flaschen, Lieder, belegte Brote, …

harmonica [hɑː'mɒnɪkə]	Mundharmonika	
strict [strɪkt]	streng	Emily isn't allowed to watch TV after 9 o'clock. Her parents are very ~ about that.
permission [pə'mɪʃn]	Erlaubnis	*English:* You need official **permission** to hunt here. *German:* Man benötigt **eine** offizielle **Erlaubnis**, … (F) la permission (L) permittere *(erlauben)*
limited ['lɪmɪtɪd]	beschränkt, begrenzt	The price is ~ for one month only. (F) limité, e (L) limes *m (Grenze)*

p. 47	**cotton** ['kɒtn]	Baumwolle	(F) le coton
	leather ['leðə]	Leder	
	medium ['mi:diəm]	mittelgroß; mittel-	(L) medius, -a, -um
	square [skweə]	quadratisch; Quadrat-	Germany has an area of 357,340 ~ kilometres.
	tiny ['taɪni]	winzig	**tiny ◀▶ huge**
	triangular [traɪ'æŋgjələ]	dreieckig	These ~ plates aren't very practical. I prefer round ones or square ones. (F) triangulaire (L) tres, tria *(drei)*
	centimetre (cm) ['sentɪmi:tə]	Zentimeter	1 metre = 100 **~s** (F) le centimètre (L) centum *(hundert)*
p. 48	(to) **skim a text** [skɪm]	einen Text überfliegen *(um den Inhalt grob zu erfassen)*	
	heading ['hedɪŋ]	Überschrift	
	sub-heading ['sʌbˌhedɪŋ]	Zwischenüberschrift; Kapitelüberschrift	Long articles in newspapers are often broken up with **~-headings**.
	graphics *(pl)* ['græfɪks]	Grafiken	
	wildlife ['waɪldlaɪf]	Tierwelt, frei lebende Tiere	The ~ of Africa is very different from the ~ in Europe. You can find all kinds of ~ in our national parks.
p. 49	**documentary** [ˌdɒkju'mentri]	Dokumentarfilm	! stress: docu**men**tary [ˌdɒkju'mentri]

(to) **rebuild** [ˌriːˈbɪld], **rebuilt, rebuilt** [ˌriːˈbɪlt]	wiederaufbauen	

Unit 3 The Golden State

p. 54 **image** [ˈɪmɪdʒ]	Bild, Abbild; Vorstellung	When I hear the word 'California', I have an ~ of beaches and surfers in my head. (F) l'image *(f)* (L) imago *f*
desert [ˈdezət]	Wüste	 (F) le désert (L) deserere *(verlassen)*
completely [kəmˈpliːtli]	völlig, vollkommen	adjective: **complete** (komplett, vollständig) – adverb: **completely** (L) complere *(füllen)*
skyscraper [ˈskaɪskreɪpə]	Wolkenkratzer	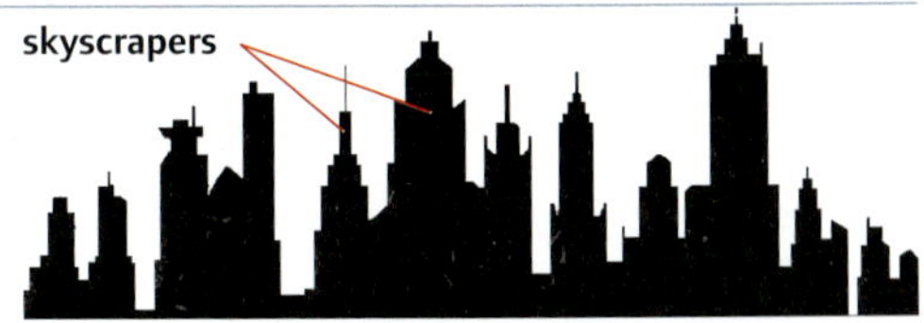 the Manhattan skyline
contrast [ˈkɒntrɑːst]	Kontrast, Gegensatz	! stress: **con**trast [ˈkɒntrɑːst] (F) le contraste

Part A

p. 56 **marine** [mə'riːn]	Meeres-	**marine** life, **marine** animals, **marine** scientists (L) mare *n (Meer)*
reserve [rɪ'zɜːv]	Schutzgebiet, Reservat	
the week before	die Woche zuvor; in der Woche davor	Last week was sunny. **The week ~** was rainy.
parking lot ['pɑːkɪŋ lɒt] *(AE)*, **car park** ['kɑː pɑːk] *(BE)*	Parkplatz	**car park** *(BE)* / **parking lot** *(AE)* 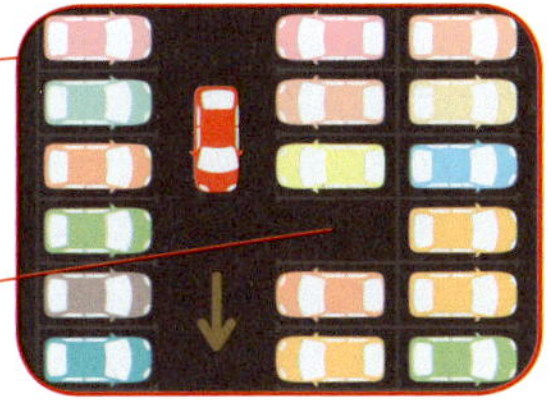 **parking space**
foreign ['fɒrən]	fremd, ausländisch	a **foreign** language; **foreign** countries
(to) **stretch** [stretʃ]	sich dehnen, sich strecken	The cat **~ed** and then washed himself.
motel [məʊ'tel]	Motel *(Hotel mit Zimmern und Garagen an einer Autostraße)*	
comfortable ['kɒmftəbl]]	bequem; angenehm	**comfortable** ◂▸ **uncomfortable** (unbequem; unangenehm) (F) confortable – inconfortable

Sorry? ['sɒri]	Wie bitte?	

sorry

Mit **sorry** kannst du …

• **dich entschuldigen:**	**Sorry** I'm late.	**Entschuldigung**, dass ich zu späte komme.
• **sagen, dass dir etwas leid tut:**	My grandfather died last month. – Oh, **I'm sorry**.	Mein Großvater ist letzten Monat gestorben. – Oh, **das tut mir leid**.
• **nachfragen, wenn du etwas nicht richtig verstanden hast:**	We'll pick you up at the airport. – **Sorry?** It's a bit loud in here. Could you say that again?	Wir holen Sie am Flughafen ab. – **Wie bitte?** Es ist ein bisschen laut hier. Könnten Sie das wiederholen?

(to) **give** sb. **directions (to)** [də'rekʃnz]	jm. den Weg beschreiben (zu/nach)	(to) **ask for directions** ◄► (to) **give directions** (nach dem Weg fragen)
(to) **spot** sb./sth. [spɒt]	jn./etwas entdecken, erblicken	We had a picnic on the coast, and suddenly Dad **~ted** some seals.
shell [ʃel]	Muschel(schale)	
Mrs. Miller / **Mr.** Miller *(AE)*	Frau Miller / Herr Miller	! In American English, **Mrs** and **Mr** are usually written with a full stop.
I'd like you to be/do …	Ich möchte, dass du … bist/tust.	*English:* **I'd like you to help** your sister. *German:* Ich möchte, dass du deiner Schwester hilfst. *never:* ~~I'd like that you help~~ your sister.

	sunset ['sʌnset]	Sonnenuntergang	
p. 57	**hostess** ['həʊstəs]	Gastgeberin *(in USA auch: Frau, die in einem Restaurant die Gäste in Empfang nimmt)*	
	social ['səʊʃl]	sozial, Sozial-, gesellschaftlich	! stress: **so**cial ['səʊʃl] (F) social, e (L) socius *m (Kamerad)*
	line [laɪn] *(AE)*	Schlange, Reihe *(wartender Menschen)*	= *BE* queue verb: (to) **queue** *(BE)* / (to) **stand/wait in line** *(AE)*
	(to) **look out for** sb./sth.	nach jm./etwas Ausschau halten	We need some bread. Can you ~ **out for** a bakery?
	stranger ['streɪndʒə]	Fremde(r), Unbekannte(r)	Young children shouldn't speak to ~**s**. (F) l'étranger *(m)*, l'étrangère *(f)*
	saying ['seɪɪŋ]	Sprichwort, Redensart	
	not (...) at all [ət‿'ɔːl]	überhaupt nicht(s), gar nicht(s); überhaupt kein/e, gar kein/e	

not (...) at all

She did**n't** say anything **at all**.	Sie hat überhaupt nichts / gar nichts gesagt.
I do**n't** like cats **at all**.	Ich mag Katzen überhaupt nicht.
He has**n't** got any money **at all**.	Er hat überhaupt kein / gar kein Geld.
Do you mind if I open the window? – **Not at all**.	... – Überhaupt nicht. / Ganz und gar nicht.

	(to) **pronounce** [prə'naʊns]	aussprechen	verb: (to) **pron<u>ou</u>nce** – noun: **pron<u>u</u>nciation** Ⓕ prononcer
	separately ['seprətli]	einzeln, separat	adjective: **separate** – The library has a **separate** room for children's books. adverb: **separately** – All the volunteers were interviewed **separately**.
	(to) **flow** [fləʊ]	fließen	The Hudson River **~s** into New York Bay.
	common ['kɒmən]	häufig; weit verbreitet	One of the most ~ names for girls in Britain today is Olivia. Ⓛ communis, -e *(allgemein)*
p. 58	**program** ['prəʊgræm] *(AE)*	Programm; (Fernseh-/Radio-) Sendung	! • **programme** *(BE)* / **program** *(AE)* = **1.** Programm; **2.** (Fernseh-/Radio-)Sendung • **program** *(BE, AE)* = (Computer-)Programm
	(to) **support** [sə'pɔːt]	unterstützen	This charity **~s** homeless children.
	ecology [i'kɒlədʒi]	Ökologie	! stress: e<u>co</u>logy [i'kɒlədʒi] Ⓕ l'écologie *(f)*
	season ['siːzn]	Jahreszeit; Saison	*English:* **busy season** – *German:* **Hauptsaison**
p. 59	**trash can** ['træʃ kæn] *(AE)*, **rubbish bin** ['rʌbɪʃ bɪn] *(BE)*	Mülltonne, Abfalleimer	a **rubbish bin** *(BE)* a **trash can** *(AE)*
	explanation [ˌeksplə'neɪʃn]	Erklärung	verb: (to) **expl<u>ai</u>n** – noun: **expl<u>a</u>nation**

Part B

p. 60	**noon** [nuːn]	Mittag	
	VIP [ˌviː‿aɪ 'piː] (**very important person**)	Prominente(r)	! pronunciation: **VIP** [ˌviː‿aɪ 'piː] – *not:* ~~[vɪp]~~
	fumes *(pl)* [fjuːmz]	Dämpfe, Abgase, Schwaden	Traffic ~ make pollution even worse.
	I'm **feeling faint**. [feɪnt]	Mir ist schwindelig.	
	ID [ˌaɪ 'diː]	Ausweis	*English:* **Do you have any ID?** – *German:* **Können Sie sich ausweisen?**
	reaction (to) [ri'ækʃn]	Reaktion (auf)	verb: (to) **react (to)** – noun: **reaction (to)**
p. 61	(to) **reveal** [rɪ'viːl]	offenbaren, preisgeben, verraten	Please don't ~ this news to anyone.
	emergency [ɪ'mɜːdʒənsi]	Notfall, Not-	There's been an ~. Can you call the police, please?
	wildfire ['waɪldfaɪə]	Waldbrand, Buschbrand	
	canyon ['kænjən]	Cañon	 **limousines**
	limousine [ˌlɪmə'ziːn], ['lɪməziːn]	Luxuslimousine, Straßenkreuzer	
	process ['prəʊses]	Prozess, Vorgang	! stress: <u>**pro**</u>cess ['prəʊses] (F) le processus (L) procedere *(vorrücken, fortschreiten)*
	script [skrɪpt]	Drehbuch; Manuskript	(L) scribere *(schreiben)*
	season ['siːzn] *(bes. AE)*	Staffel *(einer Fernsehserie)*	

	grade [greɪd] *(AE)*	Jahrgangsstufe, Klasse	= *BE* year (L) gradus *m (Stufe)*
	(to) **tutor** sb. ['tjuːtə]	jn. unterrichten, jm. Stunden geben	My big brother **~s** kids to earn money. (L) tutus, -a, -um *(sicher)*
	(to) **set** sth. **up, set, set** [set]	etwas errichten, aufbauen; etwas arrangieren	It took three hours to ~ **up** the equipment. The head teacher wants to ~ **up** a meeting with our parents.
	take [teɪk]	Einstellung, Take *(beim Film)*	
	(to) **switch** [swɪtʃ]	wechseln	Press OPT and TAB to ~ between programs.
	although [ɔːl'ðəʊ]	obwohl	We stayed up and watched the late film ~ we were really tired.
	(to) **pat** [pæt]	tätscheln	*English:* She **patted him on the head**. *German:* Sie **tätschelte ihm den Kopf**.
	cute [kjuːt]	niedlich, süß	Oh, look at the baby seals! Aren't they ~?
	change [tʃeɪndʒ]	Änderung, Veränderung	verb: (to) **change** – noun: **change** (F) le changement
p. 62	**stay** [steɪ]	Aufenthalt	Enjoy your ~! verb: (to) **stay** – noun: **stay**
	receptionist [rɪ'sepʃənɪst]	Empfangschef/in	(F) le/la réceptionniste (L) recipere *(aufnehmen)*
	casting ['kɑːstɪŋ]	Casting *(Auswahlverfahren zur Rollenbesetzung bei Filmen/ Theaterstücken)*	
	microphone ['maɪkrəfəʊn]	Mikrofon	! pronunciation: **microphone** ['maɪkrəfəʊn]
p. 63	**landscape** ['lændskeɪp]	Landschaft	

atmosphere ['ætməsfɪə]	Atmosphäre; Stimmung	There was an unfriendly ~ in the room. **!** stress: **<u>at</u>**mosphere ['ætməsfɪə]
dignified ['dɪgnɪfaɪd]	würdevoll, würdig	The funeral was a sad but very ~ event. (L) dignus, -a, -um *(würdig)*
optimistic [ˌɒptɪ'mɪstɪk]	optimistisch	(F) optimiste (L) optimus, -a, -um *(bester, -e, -es)*
relaxed [rɪ'lækst]	entspannt	verb: (to) **relax** – adjective: **relaxed**

Part C

p. 66	**celebrity** [sə'lebrəti]	Berühmtheit *(berühmte Person)*	(L) celeber, celebris, celebre *(berühmt)*
	flame [fleɪm]	Flamme	(L) flamma *f*
	shiny ['ʃaɪni]	glänzend	What has she put on her hair? It's so nice and ~.
	unstoppable [ʌn'stɒpəbl]	unaufhaltsam, unaufhaltbar	For years, Bayern Munich has been ~.
	(to) **go viral** ['vaɪrəl]	sich wie ein Virus ausbreiten / sich wie ein Lauffeuer verbreiten	In just a few hours, the story of their divorce **has gone** ~.
	security [sɪ'kjʊərəti]	Sicherheit, Sicherheits-	**a security check at the airport**  (F) la sécurité

	environment [ɪn'vaɪrənmənt]	Umwelt	(F) l'environnement *(m)*
	quote [kwəʊt] *(infml für* **quotation** [kwəʊ'teɪʃn])	Zitat	
	Ms Miller *(BE)*, **Ms.** Miller *(AE)* [mɪz], [məz]	Frau Miller	! Viele Frauen möchten lieber mit **Ms** … angesprochen werden, weil am Wort **Ms** nicht zu erkennen ist, ob sie verheiratet sind oder nicht.
	(to) **have** sth. **in common** ['kɒmən]	etwas miteinander gemein haben	We're the same age, but we don't **have** much **in** ~. (L) communis, -e *(gemeinsam)*
	discovery [dɪ'skʌvəri]	Entdeckung	(F) la découverte
	(to) **discover** [dɪ'skʌvə]	entdecken; herausfinden	I **~ed** some old photos of my grandparents in the attic.
	channel ['tʃænl]	Kanal, Sender	
	the latest ['leɪtɪst] *(infml)*	das Neueste	Have you heard **the** ~? Sam and Jo aren't together any more.
	Stay posted. ['pəʊstɪd]	Bleib(t) auf dem Laufenden!	
p. 67	(to) **evacuate** [ɪ'vækjueɪt]	evakuieren	There was a fire at school today and they had to ~ the building. (F) évacuer (L) vacuus, -a, -um *(leer)*
	resident ['rezɪdənt]	Bewohner/in, Anwohner/in	
	power ['paʊə]	Energie, Strom; Kraft, Stärke; Macht	How much ~ does a TV use? Eating the right food can help you to build up your ~. In the old days, kings and queens had more ~ than they do today.

(to) **be cut off from** sth.	von etwas abgeschnitten/ abgetrennt sein	During the cold winter of 1999, the village **was ~ off from** the rest of the world for three months.
burnt [bɜːnt]	verbrannt	verb: (to) **burn (burned, burned)** - adjective: **burnt**
mph [ˌem piː‿ˈeɪtʃ] (*kurz für:* **miles per hour** [pə, pɜː])	Meilen pro Stunde	55 **mph** = about 89 km/h
cause [kɔːz]	Ursache	I still don't understand the ~ of the problem. Ⓕ la cause Ⓛ causa *f*
illegal [ɪˈliːgl]	illegal, ungesetzlich	**legal** ◄► **illegal** ! stress: <u>le</u>gal [ˈliːgl], il<u>le</u>gal [ɪˈliːgl] Ⓕ légal, e – illégal, e Ⓛ lex *f (Gesetz)*
campfire [ˈkæmpfaɪə]	Lagerfeuer	 a **campfire**
(to) **investigate** [ɪnˈvestɪgeɪt]	*(polizeilich)* untersuchen; ermitteln	The police are **investigating** the cause of the fire.
firefighter [ˈfaɪəfaɪtə]	Feuerwehrmann/-frau	
helicopter [ˈhelɪkɒptə]	Hubschrauber, Helikopter	Ⓕ l'hélicoptère *(m)*
My heart goes out to …	Ich fühle mit … / Mein Mitgefühl gilt …	When I hear about all the poor people in Africa, **my ~ goes out to** them and I want to offer my help.
drought [draʊt]	Dürre, Trockenheit	
expert [ˈekspɜːt]	Experte/Expertin	! stress: <u>ex</u>pert [ˈekspɜːt] Ⓕ l'expert *(m)*, l'experte *(f)*

	climate ['klaɪmət]	Klima	! pronunciation: **climate** ['klaɪmət] (F) le climat
	powerful ['paʊəfl]	mächtig, kräftig, stark	a **powerful** computer/car/storm
	(to) **prevent** sth. [prɪ'vent]	etwas verhindern	Help to ~ wildfire! No smoking, no campfires!
	effect (on) [ɪ'fekt]	(Aus-)Wirkung (auf)	**cause ◄► effect** (F) l'effet *(m)* (L) efficere *(bewirken)*
	(to) **compare** [kəm'peə]	vergleichen	Now ~ your ideas with a partner's. (F) comparer (L) comparare
	emotional [ɪ'məʊʃənl]	emotional; gefühlsbetont	! stress: e<u>**mo**</u>tional [ɪ'məʊʃənl] (F) émotionnel, le
	neutral ['njuːtrəl]	neutral	! stress: <u>**neu**</u>tral ['njuːtrəl] (F) neutre (L) neuter, neutra, neutrum
p. 68	**permit** ['pɜːmɪt]	Genehmigung, Erlaubnis(schein)	You need a ~ to go fishing here. (L) permittere *(erlauben*
	fire department ['faɪə dɪˌpɑːtmənt] *(AE)*	Feuerwehr	
	safe [seɪf]	sicher, in Sicherheit	**safe ◄► dangerous**
	opposite ['ɒpəzɪt]	Gegenteil	What's the ~ of "dirty"? – "Clean."
	prefix ['priːfɪks]	Präfix, Vorsilbe	Many adjectives can be made negative with the ~ "un-".
	possible ['pɒsəbl]	möglich	**possible ◄► impossible** (F) possible – impossible (L) posse *(können)*

p. 69	**outline** ['aʊtlaɪn]	Gliederung	An ~ helps you to structure your ideas before you start writing.
	(to) **experience** [ɪk'spɪəriəns]	erfahren, erleben	Where's a good place to ~ a white Christmas? verb: (to) **experience** - noun: **experience**
	catchy ['kætʃi] *(infml)*	eingängig *(Melodie, Slogan)*	This song is so ~ I can't stop singing it.
	briefly ['bri:fli]	in Kürze, in wenigen Worten	Don't go into detail. Just explain ~. (F) brièvement (L) brevis, -e *(kurz)*

Unit 4 Faces of South Dakota

p. 74	**sculpture** ['skʌlptʃə]	Skulptur	! stress: **sculp**ture ['skʌlptʃə] (F) la sculpture
	badlands ['bædlænds]	Ödland	! The **Badlands National Park** ist eine verwitterte, für die Landwirtschaft ungeeignete Gegend in South Dakota.
	(to) **carve** [kɑ:v]	meißeln; schnitzen	
	dusty ['dʌsti]	staubig	adjective: **dusty** – noun: **dust** (Staub)
	engine ['endʒɪn]	Motor, Maschine	A truck has a bigger ~ than a car.
	footstep ['fʊtstep]	Schritt	
	gallop ['gæləp]	Galopp	noun: **gallop** – verb: (to) **gallop** (galoppieren) ! stress: **ga**llop ['gæləp]
	prairie ['preəri]	Prärie, Grasland	! stress: **prai**rie ['preəri] (F) la prairie

	reservation [ˌrezəˈveɪʃn]	Reservat, Reservation	(L) servare *(retten, bewahren)*
	rodeo [ˈrəʊdiəʊ]	Rodeo	! stress: **ro**deo [ˈrəʊdiəʊ]
	silence [ˈsaɪləns]	Stille; Schweigen	adjective: **silent** – noun: **silence** (F) le silence (L) silentium, -i *n*
	track [træk]	(Feld-)Weg, Pfad	
p. 75	**talking**	sprechend	I'd like a ~ computer that reads my emails to me.

Part A

p. 76	(to) **slap** [slæp]	knallen, klatschen	She **~ped** the letters on his desk.
	counter [ˈkaʊntə] *(AE)* (*kurz für:* **countertop**)	Arbeitsplatte; Küchentheke	**counter(top)** *(AE)* **worktop** *(BE)* (F) le comptoir 
	wheel [wiːl] (*kurz für:* **steering wheel** [ˈstɪərɪŋ wiːl])	Lenkrad	! **wheel** = **1.** Rad  **2.** *(steering wheel)* Lenkrad 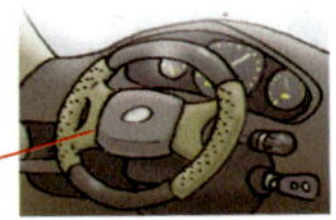 **3. wheels** *(pl; infml)* fahrbarer Untersatz 

(to) **honk** [hɒŋk]	hupen	
coach [kəʊtʃ]	Trainer/in	

(to) keep, kept, kept

1) (to) **keep**	behalten aufbewahren aufheben, aufsparen	Can I **keep** your pen or do you want it back? Butter should be **kept** in a cool place. Don't eat all your biscuits now. **Keep** some for later.
2) (to) **keep** sth. **alive/fresh/warm/...**	halten, erhalten	I think we should try to **keep** our traditions **alive**. She put on some boots to **keep** her feet **warm**.
3) (to) **keep** sth. **up**	etwas aufrechterhalten, etwas fortsetzen	Dad goes to evening classes to **keep up** his English. You're doing good work. **Keep it up!**
4) (to) **keep to** sth.	sich an etwas halten	We should **keep to** our plan and go by bike.
5) (to) **keep (on) doing** sth.	etwas immer wieder/ immer weiter/ständig tun	They **kept (on) walking** till they got to a village. I tried to speak, but he **kept interrupting** me.

No wonder ... ['wʌndə]	Kein Wunder ...	His grandma has just died. – **No ~** he looks so sad. The Grand Canyon is one of the natural **~s** of the world. ! Dem Wort **Wunder** in der Bedeutung „übernatürliches Ereignis" entspricht das englische **miracle**: It's a **miracle** she didn't die in the car crash.

water fountain *(bes. AE)* / **drinking fountain** *(bes. BE)* ['faʊntən]	Trinkbrunnen	 (F) la fontaine
(to) **tuck** [tʌk]	stecken, klemmen	He **~ed** his books under his arm and left. She **~ed** her hair behind her ear and started writing.
mood [muːd]	Laune, Stimmung	*English:* (to) **be in a good/bad mood** *German:* **gute/schlechte Laune haben**
technique [tek'niːk]	Technik, Methode	! stress: tech**nique** [tek'niːk]
excellent ['eksələnt]	ausgezeichnet, hervorragend	(F) excellent, e
(to) **advise** sb. **to do** sth. [əd'vaɪz]	jm. raten, etwas zu tun	The doctor **~d** him **to** eat more fruit. The doctor **~d** him not **to** eat so much meat.
(to) **speed up** [ˌspiːd‿'ʌp]	beschleunigen, schneller werden	You're so slow! Can't you ~ **up** a bit?
(to) **qualify** ['kwɒlɪfaɪ]	sich qualifizieren	If we win this match, we'll ~ for the finals. (F) se qualifier
it takes practice ['præktɪs]	es erfordert Übung	You won't be able to do this immediately. **It** will **take** ~.
somewhere ['sʌmweə]	irgendwo, irgendwohin	This summer I'd like to go ~ where it's nice and warm.
p. 77 (to) **notice** ['nəʊtɪs]	merken, bemerken	I didn't ~ Jeremy because he was so quiet. When I arrived, I **~d** that I had forgotten my money.

whether ['weðə]	ob	**Whether** you go or not, that is your decision. ! **whether** is a little more formal than **if**.
period ['pɪəriəd] *(bes. AE)*	Unterrichtsstunde, Schulstunde	
register ['redʒɪstə]	Klassenbuch; Register, Verzeichnis	
literature ['lɪtrətʃə]	Literatur	! stress: <u>li</u>terature ['lɪtrətʃə] (F) la littérature (L) litterae *f*
social studies [ˌsəʊʃl 'stʌdiz]	Gemeinschaftskunde, Sozialkunde, Politische Bildung	
in recent years/months/... ['riːsnt]	in den letzten Jahren/Monaten/...	I've started doing more sport **in ~ months**.
assignment [ə'saɪnmənt] *(AE)*	Aufgabe, Arbeitsauftrag *(in der Schule oder daheim zu erledigen)*	
(to) **pass** [pɑːs]	bestehen *(Test, Prüfung)*	(F) passer
grade [greɪd] *(bes. AE)* (*BE auch:* **mark** [mɑːk])	(Schul-)Note, Zensur	! **grade** = **1.** *(AE)* Klasse, Jahrgangsstufe (= *BE* **year**) **2.** *(bes. AE)* Note, Zensur (*BE auch:* **mark**) (L) gradus *m (Stufe)*
(to) **fail** [feɪl]	nicht bestehen *(Test, Prüfung)*; durchfallen	(to) **pass a test** ◄► (to) **fail a test**
extra ['ekstrə]	zusätzlich	(L) extra *(außerhalb)*

	driver's license ['draɪvəz ˌlaɪsəns] *(AE)*, **driving licence** *(BE)*	Führerschein, Fahrerlaubnis	Ⓛ licet *(es ist erlaubt)*
	(to) **crown** [kraʊn]	krönen	noun: **crown** – verb: (to) **crown**  Ⓕ couronner
	support [sə'pɔːt]	Unterstützung	verb: (to) **support** – noun: **support**
p. 78	**bilingual** [baɪ'lɪŋgwəl]	zweisprachig	Ⓕ bilingue Ⓛ bis *(zweimal)*, lingua *f (Sprache)*
p. 80	(to) **come up to** sb.	auf jn. zukommen	He **came ~ to** me and asked me how to get to York.
	anyway ['eniweɪ]	sowieso	I gave him a lift because I was going to York ~. I don't like the colour, and it's too expensive ~.
p. 81	(to) **attend** a course [ə'tend]	einen Kurs besuchen, an einem Kurs teilnehmen	My son was ill and couldn't ~ classes today. He **~ed** the same school as his older sister.
	session ['seʃn]	Sitzung, Einheit	Ⓛ sedere *(sitzen)*
	search (for) [sɜːtʃ]	Durchsuchung; Suche (nach)	Lots of volunteers joined the ~ **for** the missing child.
	property ['prɒpəti]	Eigentum	Ⓕ la propriété
	(to) **take care of** sth. [keə]	sich (gut) um etwas kümmern; sorgfältig mit etwas umgehen	You can have my bike, but promise to **take ~ of** it.
	for this reason ['riːzn]	aus diesem Grund	Year 4 will visit the museum on Friday afternoon. **For this ~**, lessons will end at 12 o'clock.
	at any time	jederzeit, zu jeder Zeit	**at any time ◄► at no time**

grounds *(pl)* [graʊndz]	Gelände	Students need a permit to leave the school ~.
principal ['prɪnsəpl] *(bes. AE)*	Schulleiter/ in	(L) princeps, principis *m (erster Mann)*

Part B

p. 82	(to) **borrow** sth. **(from** sb.**)** ['bɒrəʊ]	sich etwas (aus)leihen (vom jm.), etwas entleihen	! • You **borrow** something from somebody: "Can I **borrow** your MP3 player?" • You **lend** somebody something: "OK, I'll **lend** you my MP3 player. But I want it back by tomorrow."
	(to) **lend** sb. sth. [lend], **lent, lent** [lent]	jm. etwas leihen	
	college ['kɒlɪdʒ]	Hochschule	
	(to) **run into** sb. *(infml)*	jn. zufällig treffen	Guess who I ~ **into** yesterday – my old friend Philip!
p. 83	**buffalo** ['bʌfələʊ], *pl* **buffalo** *or* **buffaloes**	Büffel; Bison	a **buffalo** 
	(to) **introduce** [ˌɪntrə'djuːs]	*(etwas Neues)* einführen	The company is planning to ~ its new phone system next week. (F) introduire ! (to) **introduce** = **1.** vorstellen; **2.** einführen
	on horseback ['hɔːsbæk]	zu Pferd	**on horseback** 

	conflict ['kɒnflɪkt]	Konflikt, Auseinandersetzung	! stress: **con**flict ['kɒnflɪkt]	(F) le conflit
	relations *(pl)* [rɪ'leɪʃnz]	Beziehungen	It's important for a state to have good ~ with its neighbours.	(F) les relations *(f)*
	continent ['kɒntɪnənt]	Kontinent		(F) le continent
	way of life [ˌweɪ‿əv 'laɪf]	Lebensweise, Lebensart	I love the relaxed **way of** ~ in Italy.	
	(to) **force** sb. **to do** sth. [fɔːs]	jn. zwingen, etwas zu tun; jn. dazu bringen, etwas zu tun	You shouldn't ~ your children **to eat** if they don't feel hungry.	
	law [lɔː]	Gesetz	It's against the ~ to smoke in hospitals.	
	(to) **govern** ['gʌvən]	regieren	verb: (to) **govern** – noun: **government**	(F) gouverner
	per cent (%) [pə'sent] (*AE usually:* **percent**)	Prozent		(L) per + centum
p. 85	(to) **move house/flat**	umziehen	My mum has a new job so we're **moving house** soon.	(L) movere
	tribe [traɪb]	(Volks-)Stamm		
p. 86	**ride** [raɪd] *(bes. AE)*	Mitfahrgelegenheit		
	choice [tʃɔɪs]	Wahl; Auswahl	verb: (to) **choose, chose, chosen** – noun: **choice**	(F) le choix
	weekday ['wiːkdeɪ]	Wochentag, Werktag		

Part C

p. 88	**even though** [ˌiːvn 'ðəʊ]	auch wenn; obwohl	**Even** ~ it was already 9 am, it was still dark outside.
	(to) **return** [rɪ'tɜːn]	zurückkehren	(to) come/go back (F) retourner
	glum(ly) [glʌm, 'glʌmli]	niedergeschlagen	adjective: **glum** – Don't be **glum**. Try to be more optimistic. adverb: **glumly** – "We lost again," he said **glumly**.
	insult (to) ['ɪnsʌlt]	Beleidigung (für)	I take your comment as a personal ~ **to** me. (F) insulter
	sacred ['seɪkrɪd]	heilig	Cows are ~ in India. (L) sacer, sacra, sacrum
	disappointed (with) [ˌdɪsə'pɔɪntɪd]	enttäuscht (von)	She was ~ **with** the result of the game. She knew her team could do better.
	(to) **cause** [kɔːz]	verursachen	I still don't know what ~**d** the problem. verb: (to) **cause** – noun: **cause** (F) causer – la cause (L) causa *f (Ursache)*
	not (...) any longer ['lɒŋgə]	nicht länger; nicht mehr	I'll leave now. I do**n't** want to wait for you **any** ~.
	(to) **change your mind** [maɪnd]	es sich anders überlegen; seine Meinung ändern	I've **changed my** ~. I *will* wait for you.
p. 89	(to) **attract** [ə'trækt]	anziehen, anlocken	New York ~**s** millions of tourists every year. verb: (to) **attract** – noun: **attraction** (F) attirer – l'attraction *(f)* (L) ad *(an, zu)* + trahere *(ziehen)*

more than in any other place	mehr als an jedem anderen Ort	
giant ['dʒaɪənt]	riesig, Riesen-	(F) géant, e
granite ['grænɪt]	Granit	
fairly ['feəli]	ziemlich	! **fair** = „fair, gerecht“ Come on, kids, play **fair**! **fairly** = „ziemlich“ He plays chess **fairly** well. (= … **quite** well.)
patriotism ['peɪtriətɪzəm]	Patriotismus	! stress: **<u>pa</u>triotism** ['peɪtriətɪzəm] (F) le patriotisme (L) patria *f (Heimat)*
taxpayer ['tækspeɪə]	Steuerzahler/in	
tax [tæks]	*(die)* Steuer	The ~ on cars in Germany is higher than the ~ on books.
service ['sɜːvɪs]	Dienst, Service	There's a good bus ~ to Rapid City. I was disappointed with the bad ~ in the restaurant. (F) le service (L) servus *m (Sklave)*
however [haʊ'evə]	aber; allerdings; jedoch	She was born in France. She isn't French, ~. (= But she isn't French.)
heartless ['hɑːtləs]	herzlos	
extremely [ɪk'striːmli]	äußerst, höchst	The Beatles were ~ popular in the 1960s. adjective: **extreme** (extrem) – adverb: **extremely** (L) extra *(außerhalb)*
offensive [ə'fensɪv]	beleidigend, Anstoß erregend	My grandma finds some words very ~. (L) offendere *(beleidigen)*

(to) **spray** [spreɪ]	(be)sprühen, sprayen	**Spraying graffiti** is illegal. The walls were **sprayed** with **graffiti**. 
graffiti [grə'fiːti]	Graffiti	
wonderful ['wʌndəfəl]	wunderbar	
hardly ['hɑːdli]	kaum	There was ~ anyone in the streets. It was very quiet. ! They work **hard**. / Sie arbeiten **hart**. | They **hardly** work. / Sie arbeiten **kaum**.
surprising [sə'praɪzɪŋ]	überraschend	noun: **surprise** (F) la surprise adjective: **surprising** (überraschend) **surprised** (überrascht)
(to) **be dedicated to** ['dedɪkeɪtɪd]	gewidmet sein *(einer Sache/ Person)*	There is a monument that **is ~ to** the people who died in the fire.
part [pɑːt]	Rolle	I'm playing the ~ of the bad guy in the school play. (L) pars *f (Teil, Seite)*
(to) **gaze** [geɪz]	blicken, starren	He **~d** for hours at the sea.
strength [streŋθ]	Stärke, Kraft	adjective: **strong** – noun: **strength**
ceremony ['serəməni]	Zeremonie	! stress: **ce**remony ['serəməni] (F) la cérémonie
national anthem [ˌnæʃnəl‿'ænθəm]	Nationalhymne	
floodlight ['flʌdlaɪt]	Flutlicht(lampe)	**floodlights**

	cloudless ['klaʊdləs]	wolkenlos		
	pride (in sth.**)** [praɪd]	Stolz (auf etwas)	adjective: **proud (of** sth.**)** – noun: **pride (in** sth.**)**	
p. 91	**relationship** [rɪ'leɪʃnʃɪp]	Beziehung, Verhältnis		(F) la relation
	long shot ['lɒŋ ʃɒt]	Totale, Totalaufnahme		
	medium shot ['miːdiəm ʃɒt]	Halbtotale		(L) medius, -a, -um *(der mittlere)*
	close-up ['kləʊs‿ʌp]	Nahaufnahme		

Text

p. 92	(to) **crush** [krʌʃ]	zerquetschen, zerdrücken		
	dam [dæm]	Damm, Staudamm	a **dam**	
	filthy ['fɪlθi]	schmutzig, dreckig		
	messenger ['mesɪndʒə]	Bote/Botin		
	(to) **pray** [preɪ]	beten		(F) prier
	prayer [preə]	Gebet	verb: (to) **pray** [preɪ] – noun: **prayer** [preə]	
	(to) **squeeze** [skwiːz]	drücken	**Squeeze** the bottle to make the honey come out.	
	(to) **take pity on** sb. ['pɪti]	Mitleid mit jm. haben; sich jemandes erbarmen	She **took** ~ **on** the homeless man and gave him some money.	
	moral ['mɒrəl]	Lehre, Moral	What's the ~ of the story? ! stress: **mo**ral ['mɒrəl]	(F) la morale (L) mos *m (Sitte, Brauch)*

	storytelling ['stɔːritelɪŋ]	(das) Geschichtenerzählen	
	among [ə'mʌŋ]	zwischen, unter *(mehreren Personen, Tieren, Dingen)*	a green apple **among** the red ones 
	memory ['meməri]	Gedächtnis	! **memory** = **1.** Gedächtnis; **2.** Erinnerung

Unit 5 In the Southwest

p. 95	**slogan** ['sləʊgən]	Slogan, Werbespruch	(F) le slogan

Part A

p. 96	**junior** ['dʒuːniə]	Junior-, Junioren-	
	(to) **chop** [tʃɒp]	(zer)hacken, klein schneiden	**chopping onions**
	by the time	wenn, bis	I'll have dinner ready **by the** ~ you get back. (= … when you get back)
	Just kidding. ['kɪdɪŋ]	War nur Spaß.	
	high heels *(pl)* [ˌhaɪ 'hiːlz]	Schuhe mit hohen Absätzen, Stöckelschuhe	a pair of **high heels**

(to) **answer the door**	aufmachen, die Tür öffnen *(wenn jemand geklingelt/geklopft hat)*	"Can you ~ **the door**? I'm in the shower."
(to) **recognize** ['rekəgnaɪz]	erkennen	I said hello, but he didn't ~ me. He just walked on. (L) cognoscere *(kennenlernen, erkennen)*
(to) **exist** [ɪg'zɪst]	existieren	Do you think life ~**s** on other planets? (F) exister
(to) **put** sth. **on**	auftragen *(Make-up, Lippenstift)*	! (to) **put sth. on** = **1.** anziehen *(Kleidung)*; **2.** aufsetzen *(Hut, Helm)*; **3.** auftragen *(Make-up)*
lipstick ['lɪpstɪk]	Lippenstift	a **lipstick** 
suitcase ['su:tkeɪs]	Koffer	**suitcase** 
mark [mɑ:k]	Fleck	You have a lipstick ~ on your shirt.
(to) **hit it off (with** sb.**)** [ˌhɪt‿ɪt‿'ɒf]	sich gut verstehen (mit jm.)	When John and I met, we didn't ~ **it off** at first, but now we're best friends.
right away [ˌraɪt‿ə'weɪ]	sofort; auf Anhieb	Tomorrow is too late. I want you to do it **right** ~.
stack [stæk]	Stapel, Stoß	 a **stack** of tortillas

	road trip ['rəʊd trɪp]	Autoreise	
	realization [ˌriːəlaɪ'zeɪʃn]	Erkenntnis, Einsicht	Slowly I came to the ~ that I was wrong.
	(to) **realize** sth. ['riːəlaɪz]	etwas erkennen, (be)merken; sich einer Sache bewusst werden	When I got home, I **~d** that I had left my bag on the train.
	universe ['juːnɪvɜːs]	Universum	(F) l'univers *(m)* (L) universus, -a, -um *(ganz)*
p. 97	**anti-** ['ænti]	anti- *(gegen)*	There was an ~-war protest in London yesterday.
	What on earth ...?	Was um alles in der Welt ...?	**What on** ~ were you thinking when you did that?
p. 98	**part-time job**	Halbtagsjob, Teilzeitbeschäftigung	(to) **work part-time** (halbtags/Teilzeit arbeiten)
	full-time job	Ganztagsjob, Vollzeitbeschäftigung	(to) **work full-time** (ganztags/Vollzeit arbeiten)
	bulletin board ['bʊlətɪn bɔːd] *(bes. AE)*	schwarzes Brett, Info-Tafel	
	(to) **contact** sb. ['kɒntækt]	jn. kontaktieren, mit jm. Kontakt aufnehmen	! stress: **con**tact ['kɒntækt] (F) contacter qn. (L) tangere *(berühren)*
p. 99	**childhood** ['tʃaɪldhʊd]	Kindheit	

Part B

p. 102	**raft** [rɑːft]	Schlauchboot *(wildwassertauglich)*; Floß	**rafting**
	foothills *(pl)* ['fʊthɪlz]	Vorgebirge, Ausläufer, Bergvorland	

a **raft**

bluish (*auch:* **blueish**) ['bluːɪʃ]	bläulich	

-ish

Die Nachsilbe **-ish** wird häufig an Farbwörter und an Zeit- und Altersangaben angehängt:

- His hair is a kind of **reddish** brown. — eine Art rötliches Braun
- Seven o'clock is a bit early for me. – OK, let's say **sevenish**. — ungefähr um sieben Uhr; etwa um sieben Uhr
- How old is Jake? – Hard to say. **Thirtyish**? — ungefähr 30; um die 30

horizon [hə'raɪzn]	Horizont	! pronunciation and stress: ho**ri**zon [hə'raɪzn] (F) l'horizon *(m)*
soda ['səʊdə] *(AE)*	Limonade	
slurp [slɜːp]	Schluck	
(to) **slurp** [slɜːp] *(infml)*	schlürfen	He **~ed** down his drink in ten seconds.
Who's up for ...?	Wer hat Lust auf ...?	**Who's ~ for** a visit to London next week?
You three **go ahead.** [ə'hed]	Nur zu, ihr drei. / Macht ihr drei nur.	Shall I read you a story? – **Go ~**, that would be nice.
(to) **prefer** sth. **(to** sth.**)** [prɪ'fɜː]	etwas (einer anderen Sache) vorziehen; etwas lieber tun (als etwas)	Cinema or pizza place? – I'd ~ **to** stay at home. (= I would ~ **to** stay ...) Do you ~ tea or coffee? (F) préférer qc. (à qc.)

apron ['eɪprən]	Schürze	aprons 
(to) **wave** [weɪv]	winken	
boss [bɒs]	Chef/in, Boss	
I'd rather ... ['rɑːðə]	Ich würde lieber …	Shall we go for a pizza? – It's quite late already. **I'd** ~ go home. (= I'd prefer to go home.) **I'd** ~ not walk home. Can't we take a taxi?
(to) **paddle** ['pædl]	paddeln	
paddle ['pædl]	Paddel	
whitewater ['waɪtwɔːtə]	Wildwasser	
p. 103 **glamorous** ['glæmərəs]	glamourös	
(to) **float** [fləʊt]	treiben, schwimmen *(auf dem Wasser)*	Wood **~s** on water. Stones don't.
beaver ['biːvə]	Biber	a **beaver** 

(to) **swear** [sweə], **swore** [swɔː], **sworn** [swɔːn]	schwören	I ~ that I don't know how that money got into my pocket.
turbulent ['tɜːbjələnt]	turbulent, aufgewühlt	! stress: turbulent ['tɜːbjələnt]
(to) **make** sb./sth. **do** sth.	jn./etwas dazu bringen, etwas zu tun; jn. zwingen, etwas zu tun	The wind and waves **made their boat hit** the cliffs. I didn't want to go to Aunt Mary's party, but my parents **made me go**.
section ['sekʃn]	Teil(stück), Abschnitt	This ~ of the road is quite dangerous. (F) la section
luckily ['lʌkɪli]	glücklicherweise; zum Glück	Their car hit a tree, but ~ nobody was hurt.
space [speɪs]	Platz, Raum	I need new shelves. There's no ~ for my books! (F) l'espace *(m)*
(to) **bump (against)** [bʌmp]	stoßen (gegen)	Dad **~ed** against another car, but he wasn't hurt.
backwards ['bækwədz]	rückwärts; nach hinten	When you learn to drive, you have to drive ~ too. And you have to look ~ in your mirror. **backwards ◄► forwards** (vorwärts; nach vorn)
in time	rechtzeitig	We couldn't get home **in ~**, so we missed the film.
(to) **be about to do** sth.	im Begriff sein, etwas zu tun; kurz davor sein, etwas zu tun	I was ~ **to go** to bed when the doorbell rang.
(to) **flip over** [ˌflɪp‿'əʊvə]	umdrehen; sich überschlagen, kentern	We saw a huge wave coming towards us, and then the boat **~ped over**.

	overturned [ˌəʊvəˈtɜːnd]	umgestürzt; gekentert	an **overturned** car 
	(to) **turn** sth. **over** [ˌtɜːn‿ˈəʊvə]	etwas umdrehen, umstoßen; etwas zum Kentern bringen	
	(to) **steer clear of** sth. [stɪə]	etwas (ver)meiden; etwas aus dem Weg gehen; etwas umschiffen	**Steer ~ of** that street at night: it's dangerous.
p. 104	**bull** [bʊl]	Stier, Bulle	
	(to) **tick** [tɪk]	ticken	
p. 105	**summary** [ˈsʌməri]	Zusammenfassung	What happens in the film? Give me a quick ~.
	version [ˈvɜːʃn], [ˈvɜːʒn]	Version, Fassung	Which ~ of the film do you prefer? (F) la version ! stress: <u>**ver**</u>sion [ˈvɜːʃn], [ˈvɜːʒn]
	(to) **include** [ɪnˈkluːd]	einschließen; beinhalten	Does the trip ~ a tour of the Tower of London? Our group also **~d** three children. (= Zu unserer Gruppe gehörten auch drei Kinder.)
	original [əˈrɪdʒənl]	Original; Original-, ursprünglich	! stress: o<u>**ri**</u>ginal [əˈrɪdʒənl] a film in the **original version** (… in Originalfassung) (F) l'original *(m)*; original,e
	type (of) [taɪp]	Art, Sorte, Typ	= kind (of)
p. 106	**personal** [ˈpɜːsənl]	persönlich	! stress: <u>**per**</u>sonal [ˈpɜːsənl] (F) personnel,le

formal ['fɔːml]	formell, förmlich	**formal** ◀▶ **informal** (informell; umgangssprachlich) (F) formel,le (L) forma, -ae *f (Gestalt, Form)*

Beginning and ending letters

Writing …	You start with …	You end with …
• to good friends and family	**Dear Jeremy / Dear Grandma**	**Love / Lots of love** + your first name
• to other friends	**Dear Jake / Dear Emily**	**Best wishes / All the best** + your first name
• formal letters (you don't know the person's name)	**Dear Sir or Madam**	**Kind regards**[1] + both your names
• formal letters and emails (you know the person's name)	**Dear Ms Bell / Dear Mr Green / Dear Dr Jones**	**Yours sincerely**[2] + both your names

Often a **comma** (in *AE*: a **colon**) is used after the beginning *(BE: Dear Mr Green, …; AE: Dear Mr. Green: …).*

[1] **regards** [rɪ'gɑːdz] [2] **sincerely** [sɪn'sɪəli]

p. 107	(to) **select** [sɪ'lekt]	(aus)wählen	! Wenn es um die Wahl zwischen nur <u>zwei</u> Möglichkeiten geht, wird eher **choose** verwendet. Außerdem ist **select** förmlicher als **choose**.
	cultural ['kʌltʃərəl]	kulturell	noun: **culture** – adjective: **cultural** ! stress: <u>**cul**</u>ture, <u>**cul**</u>tural ['kʌltʃə], ['kʌltʃərəl] (L) colere *(pflegen, verehren)*
	independence [ˌɪndɪ'pendəns]	Unabhängigkeit	noun: **independence** – adjective: **independent** [ˌɪndɪ'pendənt] unabhängig

national day [ˌnæʃnəl 'deɪ] **(***auch:* **national holiday)**	Nationalfeiertag	France's ~ **day** is 14th July. Ⓛ natio *(Volksstamm)* + dies *(Tag)*
federal ['fedərəl]	Bundes-	a ~ holiday = ein bundesweiter Feiertag
barbecue ['bɑːbɪkjuː]	Grillfest, Grillparty; Grill	
balloon [bə'luːn]	Luftballon	
(to) **declare** [dɪ'kleə]	erklären, verkünden	• *English:* They **declared themselves independent**. *German:* Sie **erklärten sich** für **unabhängig**. • *English:* 3rd October **was declared a national holiday** in 1990. *German:* Der 3. Oktober **wurde** … zum **National-feiertag erklärt**.
declaration [ˌdeklə'reɪʃn]	Erklärung, Verkündung	verb: (to) **declare** – noun: **declaration**
Bavaria [bə'veəriə]	Bayern	
neither ['naɪðə], ['niːðə]	keine(r) (von beiden)	I've got two American friends. **Neither** (of them) speaks German. We have two computers at home, but ~ is working.
classical ['klæsɪkl]	klassisch	

Part C

p. 108 **pier** [pɪə] Pier, Anlegestelle

trap [træp] Falle

a **trap**

Keep me posted! ['pəʊstɪd] Halt(et) mich auf dem Laufenden!

p. 110 **burglar** ['bɜːglə] Einbrecher/in

a **burglar**

squirrel ['skwɪrəl] Eichhörnchen

a **squirrel**

crutch [krʌtʃ] Krücke

crutches

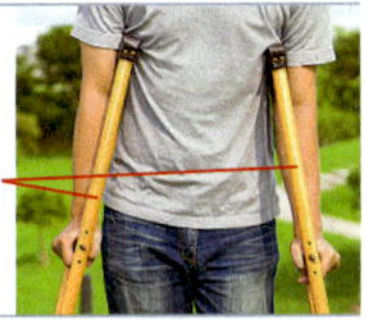

scales *(pl)* [skeɪlz] Waage

scales

kettle ['ketl]	(Wasser-)Kessel, Wasserkocher	a **kettle** 
secretary ['sekrətri]	Sekretär/in	(F) le/la secrétaire
plaza ['plɑːzə] *(bes. AE)*	*(öffentlicher)* Platz	
annual ['ænjuəl]	jährlich	an ~ festival = a festival that takes place every year (F) annuel,le (L) annus, -i *m (Jahr)*

Irregular verbs

infinitive	simple past	past participle	
(to) **be**	**was; were**	**been**	sein
(to) **beat**	**beat**	**beaten**	schlagen; besiegen
(to) **become**	**became**	**become**	werden
(to) **begin**	**began**	**begun**	beginnen, anfangen
(to) **bend**	**bent**	**bent**	sich bücken, sich beugen
(to) **bite** [aɪ]	**bit** [ɪ]	**bitten** [ɪ]	beißen
(to) **blow sth. out**	**blew**	**blown**	etwas auspusten, ausblasen
(to) **break** [eɪ]	**broke**	**broken**	brechen; zerbrechen
(to) **bring**	**brought**	**brought**	(mit-, her)bringen
(to) **build**	**built**	**built**	bauen
(to) **burst** into tears	**burst**	**burst**	in Tränen ausbrechen
(to) **buy**	**bought**	**bought**	kaufen
(to) **catch**	**caught**	**caught**	fangen
(to) **choose** [uː]	**chose** [əʊ]	**chosen** [əʊ]	aussuchen, (aus)wählen; sich aussuchen
(to) **come**	**came**	**come**	kommen

(to) **cost**	**cost**	**cost**	kosten
(to) **cut**	**cut**	**cut**	schneiden
(to) **do**	**did**	**done** [ʌ]	tun, machen
(to) **draw**	**drew**	**drawn**	zeichnen
(to) **drive** [aɪ]	**drove** [əʊ]	**driven** [ɪ]	(mit dem Auto) fahren
(to) **drink**	**drank**	**drunk**	trinken
(to) **eat**	**ate** [et, eɪt]	**eaten**	essen
(to) **fall**	**fell**	**fallen**	fallen, stürzen; hinfallen
(to) **feed**	**fed**	**fed**	füttern
(to) **feel**	**felt**	**felt**	fühlen; sich fühlen
(to) **fight**	**fought**	**fought**	(be)kämpfen
(to) **find**	**found**	**found**	finden
(to) **fly**	**flew**	**flown**	fliegen
(to) **forget**	**forgot**	**forgotten**	vergessen
(to) **freeze**	**froze**	**frozen**	(ge)frieren; zufrieren; einfrieren
(to) **get**	**got**	**got**	bekommen; holen; werden; gelangen

infinitive	simple past	past participle	
(to) **give**	**gave**	**given**	geben
(to) **go**	**went**	**gone** [ɒ]	gehen
(to) **grow**	**grew**	**grown**	wachsen; anbauen, anpflanzen
(to) **hang**	**hung**	**hung**	hängen
(to) **have**	**had**	**had**	haben
(to) **hear** [ɪə]	**heard** [ɜː]	**heard** [ɜː]	hören
(to) **hide** [aɪ]	**hid** [ɪ]	**hidden** [ɪ]	verstecken; sich verstecken
(to) **hit**	**hit**	**hit**	schlagen
(to) **hold**	**held**	**held**	halten
(to) **hurt**	**hurt**	**hurt**	schmerzen, wehtun; verletzen
(to) **keep**	**kept**	**kept**	behalten; aufheben, aufsparen; aufbewahren
(to) **kneel** [niːl]	**knelt** [nelt]	**knelt** [nelt]	knien
(to) **know** [nəʊ]	**knew** [njuː]	**known** [nəʊn]	wissen; kennen
(to) **lead** [iː]	**led**	**led**	führen, leiten
(to) **leave** [iː]	**left**	**left**	(weg)gehen; abfahren; (zurück)lassen; verlassen
(to) **lend sb. sth.**	**lent**	**lent**	jm. etwas leihen

(to) **let**	**let**	**let**	lassen
(to) **lie**	**lay**	**lain**	liegen
(to) **light** [aɪ]	**lit** [ɪ]	**lit** [ɪ]	anzünden
(to) **lose** [uː]	**lost** [ɒ]	**lost** [ɒ]	verlieren
(to) **make**	**made**	**made**	machen; herstellen
(to) **mean** [iː]	**meant** [e]	**meant** [e]	bedeuten; meinen
(to) **meet** [iː]	**met** [e]	**met**	treffen; sich treffen; kennenlernen
(to) **pay**	**paid**	**paid**	bezahlen
(to) **put**	**put**	**put**	(etwas wohin) tun, legen, stellen
(to) **read** [iː]	**read** [e]	**read** [e]	lesen
(to) **ride** [aɪ]	**rode**	**ridden** [ɪ]	reiten; *(Rad)* fahren
(to) **ring**	**rang**	**rung**	klingeln, läuten
(to) **rise up** [aɪ]	**rose**	**risen** [ɪ]	aufragen, emporragen
(to) **run**	**ran**	**run**	rennen, laufen
(to) **say** [eɪ]	**said** [e]	**said** [e]	sagen
(to) **see**	**saw**	**seen**	sehen

infinitive	simple past	past participle	
(to) **sell**	**sold**	**sold**	verkaufen
(to) **send**	**sent**	**sent**	schicken, senden
(to) **set sth. up**	**set**	**set**	etwas errichten, aufbauen; etwas arrangieren
(to) **shake**	**shook**	**shaken**	schütteln
(to) **shine**	**shone** [*BE:* ɒ, *AE:* əʊ]	**shone** [ɒ, əʊ]	scheinen *(Sonne)*
(to) **shoot** [uː]	**shot** [ɒ]	**shot** [ɒ]	schießen; erschießen
(to) **sing**	**sang**	**sung**	singen
(to) **sit**	**sat**	**sat**	sitzen; sich setzen
(to) **sleep**	**slept**	**slept**	schlafen
(to) **speak** [iː]	**spoke**	**spoken**	sprechen
(to) **spend**	**spent**	**spent**	*(Zeit)* verbringen; *(Geld)* ausgeben
(to) **spin around**	**spun**	**spun**	sich (im Kreis) drehen; herumwirbeln
(to) **spread** [e]	**spread** [e]	**spread** [e]	ausbreiten, verbreiten; sich ausbreiten, verbreiten
(to) **stand**	**stood**	**stood**	stehen; sich (hin)stellen
(to) **steal**	**stole**	**stolen**	stehlen
(to) **stick**	**stuck**	**stuck**	stechen, stecken

(to) **swear** [eə]	**swore**	**sworn**	schwören
(to) **swim**	**swam**	**swum**	schwimmen
(to) **take**	**took**	**taken**	(mit)nehmen; (weg-, hin)bringen; dauern
(to) **teach**	**taught**	**taught**	unterrichten, lehren
(to) **tear down** [teə]	**tore**	**torn**	abreißen
(to) **tell**	**told**	**told**	erzählen, berichten
(to) **think**	**thought**	**thought**	denken, glauben
(to) **throw**	**threw**	**thrown**	werfen
(to) **tread** [e]	**trod**	**trodden**	treten
(to) **understand**	**understood**	**understood**	verstehen
(to) **wake up**	**woke up**	**woken up**	aufwachen; (auf)wecken
(to) **wear** [eə]	**wore** [ɔː]	**worn** [ɔː]	tragen *(Kleidung)*
(to) **win**	**won** [ʌ]	**won** [ʌ]	gewinnen
(to) **write**	**wrote**	**written**	schreiben

False friends (Falsche Freunde)

Es gibt einige Wörter, die im Englischen und Deutschen ähnlich klingen oder aussehen, aber eine ganz andere Bedeutung haben – sogenannte *false friends*.
Hier sind einige Beispiele:

English	German	German	English
also	= auch	also	= **so; Well ...**
become	= werden	bekommen	= **get**
boot	= Stiefel	Boot	= **boat**
build	= bauen	bilden	= **make, form**
chips	= Pommes frites	Kartoffelchips	= **crisps**
fire	= Feuer	Feier	= **celebration**
kind	= freundlich	Kind	= **child**
handy	= praktisch	Handy	= **mobile**
listen	= zuhören	Listen	= **lists**
map	= Landkarte	Mappe	= **folder**
mist	= Nebel	Mist *(Unsinn)*	= **rubbish**
snake	= Schlange	Schnecke	= **snail**
stay	= bleiben	stehen	= **stand**
where	= wo	wer	= **who**
while	= während	weil	= **because**

TIP
Wenn du nicht sicher bist, ob du es vielleicht mit einem *false friend* zu tun hast, dann schau vorsichtshalber in einem guten Wörterbuch nach.

English sounds

[iː]	green, he, sea
[i]	happy, monkey
[ɪ]	big, in, expensive
[e]	red, yes, again, breakfast
[æ]	cat, animal, apple, black
[ɑː]	class, ask, car, park
[ɒ]	song, on, dog, what
[ɔː]	door, or, ball, four, morning
[uː]	blue, ruler, too, two, you
[ʊ]	book, good, pullover
[ʌ]	mum, bus, colour
[ɜː]	girl, early, her, work, T-shirt
[ə]	a partner, again, today
[eɪ]	name, eight, play, great
[aɪ]	time, right, my, I
[ɔɪ]	boy, toilet, noise
[əʊ]	old, no, road, yellow
[aʊ]	town, now, house
[ɪə]	here, year, idea
[eə]	where, pair, share, their
[ʊə]	tour

[b]	boat, table, verb
[p]	pool, paper, shop
[d]	dad, window, good
[t]	ten, letter, at
[g]	good, again, bag
[k]	cat, kitchen, back
[m]	mum, man, remember
[n]	no, one, ten
[ŋ]	song, young, uncle, thanks
[l]	hello, like, old, small
[r]	red, ruler, friend, sorry
[w]	we, where, one
[j]	you, yes, uniform
[f]	family, after, laugh
[v]	river, very, seven, have
[s]	sister, poster, yes
[z]	please, zoo, quiz, his, music
[ʃ]	shop, station, English
[ʒ]	television, usually
[tʃ]	teacher, child, watch
[dʒ]	Germany, job, project, orange
[θ]	thanks, three, bathroom
[ð]	the, this, father, with
[h]	here, who, behind

The English alphabet

a	[eɪ]	n	[en]
b	[biː]	o	[əʊ]
c	[siː]	p	[piː]
d	[diː]	q	[kjuː]
e	[iː]	r	[ɑː]
f	[ef]	s	[es]
g	[dʒiː]	t	[tiː]
h	[eɪtʃ]	u	[juː]
i	[aɪ]	v	[viː]
j	[dʒeɪ]	w	['dʌbljuː]
k	[keɪ]	x	[eks]
l	[el]	y	[waɪ]
m	[em]	z	[zed]

Am besten kannst du dir die Aussprache der einzelnen Lautzeichen einprägen, wenn du dir zu jedem Zeichen ein einfaches Wort merkst –
das [iː] ist der **green**-Laut,
das [eɪ] ist der **name**-Laut usw.

Titelbild

mauritius images, Mittenwald (Statue of Liberty (M): imageBROKER/Petra Wallner),
Shutterstock (skyline (M): meunierd)

Illustrationen

Michael Fleischmann, Waldegg (S. 4; S. 6; S. 7; S. 14; S. 23; S. 28 oben; S. 40);
Jeongsook Lee, Heidelberg (S. 28 unten);

Bildquellen

Fotolia (S. 15 li.: postsmth); **Shutterstock** (S. 4: Anne Kitzmann; S. 5 li.: greseigresei, re.: design56; S. 9: Gallinago_media; S. 11 oben: DrMadra, Mitte: James Steidl, unten li.: veleknez, unten re.: Hurst Photo; S. 12 oben: Marcio Jose Bastos Silva, unten li.: 1000 Words, unten re.: Singkham; S. 15 Mitte: Lawkeeper, re.: Gayvoronskaya_Yana; S. 17: rice: mayakovamayakova, beans: Ekaterina Lin, lentils: baibaz, onions: andersphoto, peppers: topseller, mushrooms: Yasonya, spinach: Edvard Molnar, garlic: Maks Narodenko, parsley: Evgeny Karandaev, lemons: Volosina, nuts: Dionisvera, nuts oben: TimUR, nuts unten: Dionisvera, butter: Multiart,salt + pepper: Elena Elisseeva, sugar: Garsya, flour: ddsign; S. 18 li.: Petr Malyshev, Mitte: Levent Konuk, re.: photobank.ch; S. 20: tommaso lizzul; S. 21 oben: Jarp2, unten li.: Kunal Mehta, unten re.: mubus7; S. 23: Zack Frank; S. 25 cranberries: Dionisvera, sauce: sevenke, pumpkin: topseller, pumpkin pie: Foodio; S. 29: CoolKengzz; S. 30 Evlakhov Valeriy; S. 32: Sarawut Padungkwan; S. 33: yulia_lavrova; S. 35: Artisticco; S. 37: Dutourdumonde Photography; S. 40 counter: ArtBitz; S. 42: tawatchai.m; S. 44: Sashkin; S. 45 oben: Joseph Sohm, unten: Dmitry Chulov; S. 49 oben: Gts, unten: albund; S. 50: Subidubi; S. 51 oben: Rinelle, Mitte: Patryk Kosmider, unten: GG Studios Austria; S. 52 oben: Picsfive, Mitte: Patryk Kosmider, unten: Brent Hofacker; S. 53: Ammit Jack; S. 55 oben: Kasa_s, Mitte: dmvphotos, unten: Jody Ann; S. 57: Will Rodrigues; S. 60: trap: James.Pintar, burglar: Brian A Jackson, squirrel: nelik, crutches: Tom Wang, scales: Kletr; S. 61: Tatiana Popova)

English G Access · Band 4
Vokabeltaschenbuch

Im Auftrag des Verlages herausgegeben von
Jörg Rademacher, Mannheim

Erarbeitet von
Uwe Tröger, Hannover

Layout und technische Umsetzung
Eric Gira, Ungermeyer, grafische Angelegenheiten, Berlin

Umschlaggestaltung
kleiner & bold, Berlin
hawemannundmosch, Berlin
klein & halm, Berlin

Illustrationen
Michael Fleischmann, Waldegg *sowie*
Jeongsook Lee, Heidelberg

www.cornelsen.de
www.englishg.de/access

1. Auflage, 4. Druck 2020

Alle Drucke dieser Auflage sind inhaltlich unverändert und können im Unterricht nebeneinander verwendet werden.

Druck: H. Heenemann, Berlin

ISBN 978-3-06-032378-4

PEFC/04-31-1156

PEFC zertifiziert
Dieses Produkt stammt aus nachhaltig bewirtschafteten Wäldern und kontrollierten Quellen.
www.pefc.de